JOVITA LLEVABA PANTALONES

La historia de una mexicana que luchó por la libertad

AIDA SALAZAR
Arte de MOLLY MENDOZA

SCHOLASTIC INC.

JOVITA

soñaba con usar pantalones
como sus hermanos Ramón
y Luciano.

Como era costumbre en los ranchos mexicanos
en la década de 1910, Abuela insistía en que
Jovita y sus hermanas usaran faldas amplias. Jovita
las odiaba porque se le enredaban como la maleza
entre las piernas cuando escalaba el mezquite más
alto de su rancho, Palos Blancos.

Ella quería montar a Morongo y sentir el viento
enroscar su rostro en una sonrisa.

Cada mañana, Jovita salía a escondidas para cuidar a los animales del rancho y jugar a las carreras con Ramón. Cuando estaba fuera de la vista, se metía las faldas en los bombachos. Con sus pantalones improvisados, podía saltar y ganarle fácilmente a su hermano.

Juntos, Jovita y Ramón exploraban el campo.
Jovita aprendió a reconocer el crujir de las hojas
cuando llegaba la lluvia, descubrió dónde crecían
las plantas curativas y la forma de cada cueva y
lo que podría acechar en su interior: alacranes,
coyotes, lobos, serpientes de cascabel. Seguía el
curso de los ríos juguetones que daban peces y
agua limpia. Escuchaba el canto de los cenzontles
y el de las palomas huilotas, con su suave arrullo
de cucurrucucú.

Al crecer, Jovita escuchó susurros sobre una revolución en México. El gobierno había impuesto leyes que reducían el poder de la Iglesia Católica y le impedían a la gente practicar libremente la religión. Papá se unió a los cristeros, los revolucionarios que luchaban por sus derechos en contra de la Federación, y cabalgó a la sierra con Luciano y Ramón.

Jovita se quedó atrás, pero soñaba con
acompañar a su padre y a sus hermanos y
cabalgar sobre Morongo hacia la libertad.

Un día en que Jovita estaba fuera con su abuela y sus hermanas, los soldados del gobierno llegaron a Palos Blancos llenos de una rabia fogosa. Cuando las mujeres regresaron a la casa, encontraron cenizas donde había estado su hogar y el granero todavía humeando.

Jovita llevó a Abuela y a sus hermanas a las cuevas que tan bien conocía. Cuando la situación se calmó, se mudaron a otro rancho, donde Jovita hizo un plan.

Por supuesto que Jovita
sería un buen soldado.
Conocía el campo al dedillo,
podía montar mejor que la
mayoría de los hombres
y no tenía miedo.

Cuando Papá regresó del
campo de batalla, ella le
contó su plan.

Papá accedió a llevarla,
pero solo para que
observara. No la dejó
disparar ni un solo tiro
ni usar pantalones. Jovita
memorizaba las estrategias de
Papá cuando se sentaban junto
al fuego a comer lo que hubieran
cazado. Bajo una cobija de estrellas
relucientes, comprendió que la Sierra
de Morones siempre sería su amiga.

Cuando Jovita tenía quince años, los soldados del gobierno la capturaron y le exigieron información sobre Papá. Sin importar cuánto la lastimaran, ella se mantuvo tan firme como la montaña y no lo delató.

Con el sigilo de un zorro, Jovita escapó a la luz de la luna y encontró el camino a casa de Abuela, guiada por las sombras plateadas de la sierra que tan bien conocía.

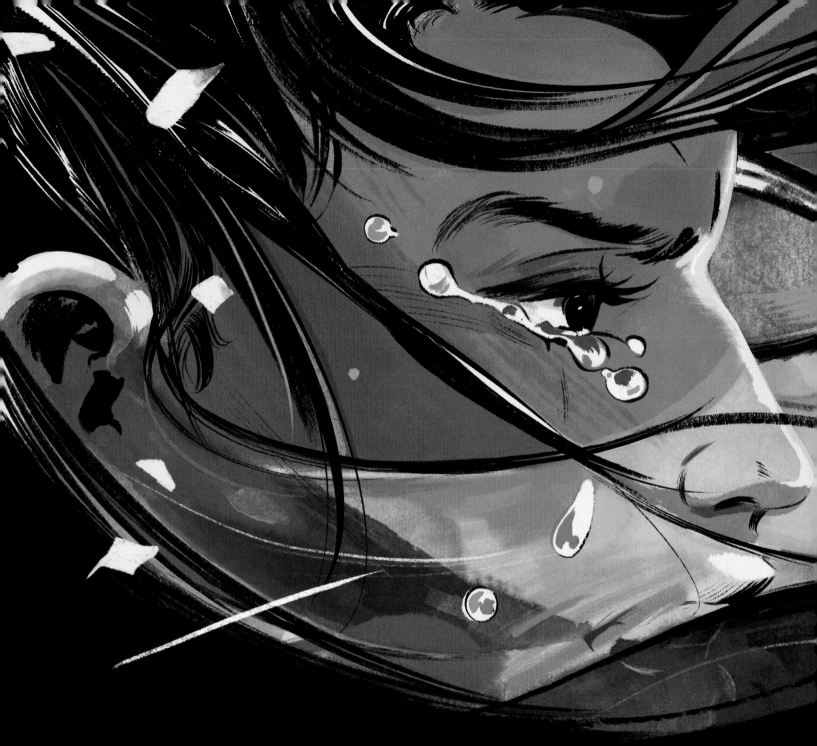

Entonces, un día terrible, poco después de que Jovita regresara a casa, el gobierno mató a Luciano. Llena de tristeza, Jovita insistió nuevamente en convertirse en soldado, pero Papá se negó. Jovita, sus hermanas y Abuela se dispersaron como el polen por todo México, obligadas a vivir con distintos parientes para estar a salvo.

Pasados algunos años, la lucha se calmó y la familia pudo reunirse. La gente pudo volver a practicar la religión libremente, pero los viejos rencores de la guerra continuaron. El gobierno, que todavía estaba enojado con Papá y sus revolucionarios, encontró a Papá y a Ramón y los sepultó bajo una tormenta de balas. Jovita nunca volvió a verlos con vida.

El dolor se le arremolinó en el corazón a Jovita. Su tristeza la acercó a otros cristeros, y una noche se reunieron a planear la lucha por la justicia.

Al regresar a casa, Jovita se cortó el hermoso pelo largo, se puso la camisa de manta de Ramón, un overol, unas botas de montar y un sombrero de paja de ala ancha. Se cambió el nombre y se hizo llamar Juan. Convertida en coronel con pantalones, se alistó para encender de nuevo la llama de la revolución.

Juan se lanzó a la Sierra de Morones con su perro y ochenta soldados. Sus soldados acordaron que si el gobierno podía matar cristeros en tiempo de paz, su derecho a practicar la religión aún no estaba asegurado. Juan los conduciría a la victoria.

Juan conocía campos repletos de zacate verde donde llevar a pastar a los caballos y sabía encontrar mesetas tan extensas que se alzaban hasta tocar el cielo. Podía nombrar con los ojos cerrados cada manantial que brotaba de la tierra y las formas en que ríos y arroyos rodeaban las montañas como collares. Como Juan, Jovita finalmente pudo usar pantalones libremente, respirando el aire mañanero de la Sierra de Morones, lista para llevar a cabo su misión.

El ejército de campesinos de Jovita libró duras batallas contra el poderoso gobierno. Jovita era muy hábil en el arte de la guerra. Escuchaba atentamente las advertencias de su perro, que anunciaba cuando el enemigo estaba cerca, y cabalgaba casi acostada sobre el caballo cuando disparaba. Su conocimiento de todos los secretos de la región los ayudó a ella y a su ejército a ganar batallas o a escapar en cada ocasión.

Jovita y su ejército pelearon duro por seis años, hasta que finalmente la Federación les ofreció una tregua. Jovita analizó sus opciones y pensó en sus seres queridos. Había ganado muchas batallas, pero también había sufrido la pérdida de muchas vidas, así que decidió entregarse pacíficamente al gobierno.

La noticia de la valentía de Jovita se extendió como
el fuego por la sierra. Se había hecho tan famosa que
un compositor escribió un corrido en su honor. El
presidente Cárdenas insistió en reunirse con el coronel
que tanto trabajo le había dado en el campo de batalla.

Jovita salió de esa reunión como una orgullosa luchadora revolucionaria. Había cedido una batalla, pero ganó otra a la larga. Llevaba un sombrero de ala ancha, una camisa de manta de manga larga, botas de montar y unos impecables pantalones de mezclilla azul.

Llevaba los pantalones bien puestos, como siempre soñó.

MÁS SOBRE
JOVITA

Jovita Valdovinos luciendo un overol tradicional de mezclilla, camisa de mangas largas y botas de montar, y con un sombrero de ala ancha en la mano, el día de su rendición al gobierno, agosto de 1935.

Jovita Valdovinos nació el 24 de febrero de 1911 en el Rancho Palos Blancos, en el municipio de Jalpa, Zacatecas, México. Fue la sexta —y la menor— de los hijos del matrimonio de María Elena Medina Pedroza y Teófilo Valdovinos. Su madre falleció cuando ella apenas tenía un año, y su padre permitió que la abuela materna, Ramona Pedroza, se hiciera cargo de la crianza de los niños. Jovita pasó su infancia atendiendo a los animales del rancho y correteando por el campo con Ramón, su hermano predilecto, a pesar de las tradiciones de la comunidad con respecto a los géneros.

Al terminar la Revolución Mexicana por la reforma agraria de 1910-1920, se instaló en el poder un nuevo gobierno socialista. La nueva constitución restringía severamente el poder de la Iglesia Católica. Se prohibió la enseñanza religiosa y las propiedades de la iglesia pasaron a manos del gobierno. En 1925 el presidente Calles utilizó al ejército para hacer cumplir estas restricciones, lo cual condujo a que los curas abandonaran sus iglesias. El estado tomó posesión de las escuelas parroquiales, redistribuyó las tierras que

Al terminar la guerra Jovita continuó usando pantalones. Tal como aquí se muestra, está vestida para salir con pantalones, camisa de mangas largas y un pañuelo alrededor del cuello.

había sido propiedad de la Iglesia Católica y asesinó a curas y feligreses. Sin embargo, muchos de los campesinos pobres de los estados mexicanos de Zacatecas, Jalisco, Durango y Michoacán desafiaron las restricciones y se alzaron en armas para luchar por sus derechos religiosos. Tal resistencia fue el comienzo de la Primera Guerra Cristera.

Teófilo Valdovinos, el padre de Jovita, mandaba un batallón de hombres, la mayoría de los cuales vivía en pueblos y comunidades rurales de los alrededores de Jalpa, Zacatecas. Este grupo armado estaba peor financiado y armado que las fuerzas del gobierno, también conocidas como los federales.

En 1925, cuando Jovita tenía catorce años, la participación de su padre y sus hermanos en la Guerra Cristera cobró un alto precio personal. La casa familiar fue incendiada y la familia se vio forzada a vivir en cuevas. Jovita fue capturada por los federales porque pensaron que confesaría el paradero de sus familiares. Aunque fue golpeada y abusada en el curso de varios meses, ella se mantuvo fiel a su familia y no los delató. Cuando intentó escapar, le dispararon en el brazo y en el pecho, pero sobrevivió. Pasó cuatro días en cama, y entonces los federales bajaron la guardia y Jovita logró escapar, robando además miles de pesos del general que había abusado de ella y la había mantenido en cautiverio. Poco después su hermano Luciano fue asesinado. El tiempo que pasó en cautiverio y la muerte de Luciano hicieron que en el corazón de Jovita naciera un profundo resentimiento hacia los federales.

Durante ese tiempo, hubo otras mujeres no combatientes que apoyaban a los cristeros y se hacían llamar las Brigadas Femeninas de Santa Juana de Arco. Este grupo fue una fuente importante de apoyo civil a la revuelta cristera, con aproximadamente 25.000 miembros.

Jovita quería hacer más que otras mujeres, algunas de las cuales se convirtieron en líderes religiosas. Ella quería pelear. Su padre se negó, pero la llevó consigo a la Sierra de Morones. Allí fue donde aprendió a ser soldado. Sin embargo, su papá, fiel a las normas sociales de la época, no le permitió disparar en combate ni vestirse de hombre.

Aunque la lucha disminuyó tras la Primera Guerra Cristera, el gobierno decidió vengarse de los antiguos rebeldes. En 1930, el padre y uno de los hermanos de Jovita, Ramón, fallecieron en un sangriento intercambio de balas con los federales. El duelo fue el combustible que movió a Jovita a alzarse en armas para vengar las muertes de su padre, su hermano y otros rebeldes, así como encender la llama de la Segunda Guerra Cristera.

Jovita se cambió el nombre y se puso "Juan", se cortó el pelo y comenzó a usar la vestimenta tradicional de los campesinos: overol de mezclilla, camisa de algodón de mangas largas y sombrero de paja de ala ancha. Gracias al legado de su padre y a su conocimiento de la sierra, ochenta hombres la siguieron a la batalla para pedir justicia por los rebeldes.

Jovita, otorgándose a sí misma los grados de coronel, guio a su batallón a través de la Sierra de Morones cabalgando un preciado semental. La topografía de la sierra les resultaba escabrosa y desconcertante a los federales, pero para Jovita era íntimamente familiar. Así se destacó como

Una familia de cristeros posa con sus rifles. Aunque se conoce poco al respecto, hubo mujeres involucradas en la lucha armada. Se suponía que las mujeres apoyaran a las tropas desempeñando sus papeles tradicionales (cocinar, limpiar, lavar) y llevando siempre las faldas de rigor.

Cristeros en la Sierra de Morones. Aunque no es precisamente la tropa de Jovita, este grupo en vestimentas tradicionales es típico de los que conformaban los batallones cristeros.

El santuario de la Virgen de Jalpa. Esta iglesia se alza en un peñón sobre Jalpa, Zacatecas, el pueblo de Jovita. Originalmente era un templo indígena dedicado a una diosa caxcana desconocida, y hoy día es un sitio de peregrinación que honra a la Virgen de Guadalupe y un pilar de la comunidad católica en la región.

estratega inteligente, de seguido causando muchas bajas en las tropas enemigas mientras las suyas salían ilesas. Jovita también confiaba en el ladrido de su perro, El Africano, que la alertaba cuando los federales andaban cerca. Ella adoraba a su perro y le mandó a hacer unos huaraches (un tipo de sandalias) especiales para protegerle las patas. Además de todo lo anterior, Jovita tenía el apoyo de la comunidad de los alrededores, que organizaba suministros de comida, armas y dinero. Las extraordinarias habilidades de Jovita —inteligencia, conocimiento de la campiña y estrategia certera— no solo permitieron que sus tropas se mantuvieran a salvo durante los seis años de la Segunda Guerra Cristera, sino que resultaron claves para su propia supervivencia como mujer —nada menos que una mujer coronel— en una guerra de hombres.

Tras su rendición a los federales en una tregua, se compuso un corrido mexicano en su honor. Jovita recibió un perdón inesperado, además de una considerable recompensa monetaria, de manos del presidente Lázaro Cárdenas; y ella utilizó el dinero para abrir un exitoso bar en Jalpa, donde cobró fama de despiadada en el negocio, a menudo zanjando diferencias a punta de pistola. Disfrutaba participar en rodeos locales y apostar en las carreras de caballos. Se dice que podía enlazar un toro de un solo intento a caballo con su destreza increíble. Era una persona alegre y gregaria que bailaba lo mismo con mujeres que con hombres. A veces, cuando el mariachi tocaba uno de sus temas favoritos, se dejaba llevar por la alegría y desenfundaba el revólver para disparar unas rondas al aire.

A lo largo de su vida, Jovita trabajó como sirvienta, cocinera, nana, empleada en una lavandería y empresaria con diferentes negocios a lo largo y ancho de Estados Unidos y México (Chicago, Los Ángeles, Nevada, Ciudad Juárez, Jalpa). Recibió varias propuestas de matrimonio, pero las rechazó todas, principalmente porque los hombres insistían en que usara faldas. Ella quería poder elegir qué ropa ponerse… y sin dudas, ¡prefería usar pantalones!

Compró una propiedad y se retiró en Jalpa con una pensión que recibió por los años en los que trabajó en Estados Unidos. No tuvo hijos, pero se mantuvo muy apegada a sus sobrinos y a sus ahijados, en particular a Carmen Medina y a Teresa de Jesús "Chuy" Ordorica. Chuy era la mayor de cinco niños que Jovita ayudó a criar, vecinos suyos que habían sido dejados a su cargo por su madre, que era una trabajadora temporal. Jovita los quiso a todos como si fueran sus propios hijos.

A sus setenta y tantos años comenzó a contarle su vida a su sobrina, Martha Medina, quien grabó todo en cintas de casete. Martha ayudó a Jovita a transcribir sus anécdotas y recopilarlas en su autobiografía, *Jovita la cristera: Una historia viviente*. Jovita quería contar su historia con sus propias palabras.

En 1996, a la edad de ochenta y cinco años, a Jovita se le diagnosticó un cáncer, y en pocos meses falleció, rodeada de sus seres queridos.

Casa tradicional de adobe situada en la meseta desértica de Zacatecas, la región montañosa en la que peleó Jovita.

Jovita a los setenta y tantos años en Jalpa, Zacatecas, donde se retiró. Se dejó el pelo largo y aquí lo lleva trenzado y recogido a la manera en que lo llevaban las mujeres en su juventud.

NOTA DE LA AUTORA

Jovita Valdovinos era tía lejana mía. Ella y mi abuelo, Jesús María "Chema" Viramontes, eran primos y, como es natural, mi madre, María Isabel, la llamaba tía Jovita. Jovita y Chema eran muy cercanos porque él también había sido cristero. Siendo niña en México, mi madre se sentaba junto a ellos a escuchar las tantas historias que compartían durante las visitas de Jovita de El Norte. Mi madre dice que Jovita era una "gran señora" y que, aunque era relativamente baja de estatura, su presencia era enorme, como el mezquite bajo el cual se sentaban cuando ella los visitaba.

La información que aparece en este libro proviene principalmente de la autobiografía de Jovita, así como de anécdotas y entrevistas. Nadie es totalmente bueno o malo, y la vida de Jovita fue tan rica como compleja. En las entrevistas que realicé a personas que la conocieron, o cuyos padres o abuelos la conocieron, surgieron muchas historias en las que ella aparecía como villana tanto como heroína. La lucha por las libertades religiosas en México dejó algunas heridas abiertas que perduran aún hoy. Sin embargo, en todas las historias hay algo constante: la valentía de Jovita. Fue una mujer que se adelantó a su tiempo: feminista, líder, inconforme, temeraria, decidida, enojada, cariñosa y leal. Se opuso desafiante al patriarcado cultural de su país. Los periodistas e historiadores se refieren a ella como "la Juana de Arco mexicana", por la joven católica francesa que también se vistió de hombre y peleó por su país, y que fue canonizada en 1925, coincidiendo con la Guerra Cristera.

Elegí el tema de Jovita usando pantalones, algo que las mujeres campesinas tenían prohibido hacer en las décadas de 1920 y 1930, como símbolo de su resistencia. Hay un dicho mexicano que describe simbólicamente a alguien con muchas agallas y valentía, y que define perfectamente a Jovita: "Llevaba los pantalones bien puestos". El hecho de que usara pantalones fue un acto de liberación que rompió las barreras de género y de lo que se esperaba de las mujeres en aquel entonces. Nadie pudo detenerla. La inmensa valentía que requiere tomar las armas siendo mujer sigue siendo hoy día algo extraordinario. Tengo la esperanza de que las niñas, y también los niños, lean la historia de Jovita y se imaginen a sí mismas imparables, feroces y asombrosas cuando usen pantalones.

NOTA DE LA ILUSTRADORA

Cuando leí la historia de Jovita me hallé a mí misma aferrándome a su coraje, a su determinación y al torbellino que cautivó su vida. En la calma y en la tormenta, Jovita siempre siguió adelante y desafió a los vientos que la convirtieron en la leyenda que hoy conocemos. Quise plasmar el impulso y el movimiento de ese viento desenfrenado en las ilustraciones a lo largo del libro, en la forma del galope de un caballo, de una nube sobre el campo, de la brisa que se lleva las lágrimas, de una explosión en la batalla, del susurro de aquellos que ya no están. La historia de Jovita está viva y respira con su aliento página tras página en el texto de Aida y, con suerte, también lo hará en las ilustraciones.

**A las mujeres valientes de México,
a aquellos de cuyo linaje revolucionario desciendo:
mi tía Jovita Valdovinos,
mi abuelito, José María "Chema" Viramontes,
mi mamá, María Isabel Viramontes,
y a todos los que luchan por la justicia. — A.S.**

**A todas las mujeres valientes
que llevo en el corazón. — M.M.**

Originally published in English as *Jovita Wore Pants: The Story of a Mexican Freedom Fighter*

Translated by Aida Salazar